AF143130

Markus Volk

Dienstleistungsmarketing

Produktpolitik und didaktische Gestaltung
in der Erwachsenenbildung am Beispiel
eines Projektmanagement-Trainings

Volk, Markus: Dienstleistungsmarketing. Produktpolitik und didaktische Gestaltung in der Erwachsenenbildung am Beispiel eines Projektmanagement-Trainings, Hamburg, Bachelor + Master Publishing 2017
Originaltitel der Arbeit: Bildungsmarketing: Produktpolitik und didaktische Gestaltung in der Erwachsenenbildung

Buch-ISBN: 978-3-95993-043-7
PDF-eBook-ISBN: 978-3-95993-543-2
Druck/Herstellung: Bachelor + Master Publishing, Hamburg, 2017

Bibliografische Information der Deutschen Nationalbibliothek:
Die Deutsche Nationalbibliothek verzeichnet diese Publikation in der Deutschen Nationalbibliografie; detaillierte bibliografische Daten sind im Internet über http://dnb.d-nb.de abrufbar.

Das Werk einschließlich aller seiner Teile ist urheberrechtlich geschützt. Jede Verwertung außerhalb der Grenzen des Urheberrechtsgesetzes ist ohne Zustimmung des Verlages unzulässig und strafbar. Dies gilt insbesondere für Vervielfältigungen, Übersetzungen, Mikroverfilmungen und die Einspeicherung und Bearbeitung in elektronischen Systemen.

Die Wiedergabe von Gebrauchsnamen, Handelsnamen, Warenbezeichnungen usw. in diesem Werk berechtigt auch ohne besondere Kennzeichnung nicht zu der Annahme, dass solche Namen im Sinne der Warenzeichen- und Markenschutz-Gesetzgebung als frei zu betrachten wären und daher von jedermann benutzt werden dürften.

Die Informationen in diesem Werk wurden mit Sorgfalt erarbeitet. Dennoch können Fehler nicht vollständig ausgeschlossen werden und die Diplomica Verlag GmbH, die Autoren oder Übersetzer übernehmen keine juristische Verantwortung oder irgendeine Haftung für evtl. verbliebene fehlerhafte Angaben und deren Folgen.

Alle Rechte vorbehalten

© Bachelor + Master Publishing, Imprint der Diplomica Verlag GmbH
Hermannstal 119k, 22119 Hamburg
http://www.bachelor-master-publishing.de, Hamburg 2017
Printed in Germany

Inhaltsverzeichnis

1. Einleitung..3

   1.1 Vorgehen 3

   1.2 Eingrenzung und Zielsetzung 4

2. Produktpolitische Entwicklung 5

   2.1 Marketingstrategie 6

   2.2 Zielgruppendefinition 8

   2.3 Nutzenversprechen und Zielgruppenansprache 9

   2.4 Grundannahmen der Preispolitik 10

   2.5 Produktgestaltung 11

3. Didaktische Gestaltung..13

   3.1 Gestaltung von Lernumgebung und Didaktik..13

   3.2 Qualität...15

   3.3 Kompetenzentwicklung als Nutzen-Orientierung.......................................16

4. Umsetzung für Projektmanagement-Training 19

   4.1 Produktgestaltung 19

   4.2 Didaktische Gestaltung für Projektmanagement 21

   4.3 Inhalte 22

   4.4 Möglichkeiten der Modifikation des Trainings.......................................23

5. Fazit..26

Literatur..27

Anhang 1...37

Anhang 2...38

Anhang 3...39

Anhang 4...40

Anhang 5...41

Abkürzungsverzeichnis

4P	place, price, product and promotion
CI	Corporate Identity
CRM	Customer Relationship Management
DIN	Deutsche Industrie Norm
EPK	Ereignisgesteuerte Prozess-Ketten
ITIL	IT Infrastructure Library
ITIL-Framework	Rahmenstruktur von ITIL
TQM	Total Quality Management

1. Einleitung

Bildungsmarketing und Didaktik werden im Rahmen der Erwachsenenbildung weitgehend getrennt betrachtet. Beide bringen sehr unterschiedliche Sichtweisen mit. Die sozialwissenschaftliche Didaktik trifft auf das betriebswirtschaftlich geprägte Bildungsmarketing. In Zeiten zunehmenden Rückzuges des Staates und Ökonomisierung der Rahmenbedingungen von Bildung, ergeben sich automatische Wechselwirkungen zwischen den beiden Bereichen.[1] Es stellt sich somit die weitgehend bisher nicht gestellte Frage für das Bildungsmarketing: Welche Auswirkungen hat die Produktpolitik auf die didaktische Planung?

Das Spannungsfeld didaktischer Zielsetzungen und der Absetzbarkeit des Angebotes einer Bildungsdienstleistung in Präsenz kann in vielfacher Art wirken. Produktpolitik richtet sich darauf aus, etwas marktfähig zu machen. Didaktik will Lernerfolg sichern. Einerseits wird die Didaktik mit ihren Erfolgszielen das Produkt prägen, andererseits schränken Kundenansprache und Zielgruppendefinition auch die Didaktik ein. Primär wird die Betrachtung erfolgen, wo Produktentwicklung und Marketing die Didaktik beeinflussen. Hinzu kommt die Fragestellung nach den Auswirkungen der Didaktik auf die Produktgestaltung.

1.1 Vorgehen

Zunächst wird die Sicht des Marketings auf Bildungsangebote beleuchtet. Dabei erfolgt der Übergang von allgemeinen Marketinggrundlagen zu geeigneten Definitionen und Vorgehensweisen in der Produktpolitik, für die Anwendung auf Bildungsangebote. Die Zielgruppen und der Nutzen werden spezifisch für Bildungsprodukte betrachtet. Welche Rahmenbedingungen des Marktauftrittes eines Bildungsangebots zu Anfang festgelegt werden müssen, rückt dabei in den Mittelpunkt. Im Anschluss wird die didaktische Gestaltung erarbeitet. Hierzu bildet das Angebot am Markt, die Vorgaben und Einschränkungen. Form, Vorgehen, Grenzen und Möglichkeiten zur Modifikation die Kernpunkte der Betrachtung.

---

1   Vgl. Reich-Classen, Weiterbildung und soziale Milieus, Seite 4

1.2 Eingrenzung und Zielsetzung

Für ein Projektmanagement-Training als praxisorientiertes Bildungsangebot in Präsenz, lassen sich Produktgestaltung, didaktische Gestaltung und nachträgliche Änderungen beispielhaft darstellen. Welche Wirkungen der Produktgestaltung sind dazu zwingende Rahmenbedingungen für Didaktik? Gibt es auch Rückkopplungen der didaktischen Gestaltung für das Bildungsmarketing, vor oder während der Durchführung? Zielsetzung ist es, erkennbare Wirkungen der Produktpolitik des Bildungsmarketing auf didaktische Gestaltung von Seminaren in wirtschaftlichem Umfeld identifizieren zu können.

Abschließend wird die Planungsfrage und Zuständigkeit zu bestimmen sein, wann immer eine Dienstleistung mit Bildungsinhalten gestaltet wird. Die fachlichen Sichten von Marketing mit betriebswirtschaftlicher Prägung und Didaktik mit seiner sozialwissenschaftlichen Natur bieten Konfliktpotential. Daher ist die Frage danach, wer wofür in der Gestaltung vor Angebot verantwortlich sein sollte von zentraler Bedeutung für Seminar-Angebote.

2. Produktpolitische Entwicklung

Marketing beschäftigt sich mit der effizienten und bedürfnisgerechten Gestaltung von Austauschprozessen.[2] Der Marketing-Mix gliedert sich klassisch in die 4Ps, die Produkt-. Preis-, Distributions- und Kommunikationspolitik (product, price, place, promotion).[3] Im Zentrum der Betrachtung für das Bildungsmarketing steht die Produktgestaltung und damit die Produktpolitik.

Der Produktbegriff muss zunächst für die folgende Betrachtung definiert werden. Der generische Produktbegriff bezieht immaterielle Leistungen ein und definiert das Produkt als Eigenschaftsbündel.[4] Die weitere Verwendung des Begriffs Produkt erfolgt stets im Sinne des generischen Produktbegriffs, inklusive immaterieller Produkte und Dienstleistungen, hier einer Bildungsdienstleistung.

Im Rahmen des Produktes stellt das Produktdesign mit seinem Leistungskern einen inneren Eigenschaftsblock dar. Die Verpackung fällt bei Bildungsdienstleistungen weg. Die anderen Teile der marktorientierten Konzeption, Zusatzleistungen und Markierung können wirksam werden.[5]

Der Produktnutzen gliedert sich in einen Grundnutzen, bestehend aus den Basiseigenschaften, einem Zusatznutzen, sowie dem ästhetischen Erbauungsnutzen und dem Gestaltungsnutzen mit sozialen Wirkungen.[6]

Im Leistungskern wird der Grundnutzen wahrgenommen, der ein Bedürfnis befriedigt; der Grund warum ein Produkt oder eine Dienstleistung konsumiert wird.[7] Sofern ein Zertifikat oder Abschluss benötigt wird, kann dieses Ergebnis der eigentliche Nutzen sein.[8] Der

---

2 Vgl. Meffert, Burmann, Kirchgeorg, Marketing – Grundlagen marktorientierter Unternehmensführung – Konzepte – Instrumente – Praxisbeispiele, Seite 3
3 Vgl. Meffert, Burmann, Kirchgeorg, Marketing – Grundlagen marktorientierter Unternehmensführung – Konzepte – Instrumente – Praxisbeispiele, Seite 22
4 Vgl. Albers und Herrmann, Handbuch Produktmanagement, Seite 103
5 Vgl. Albers und Herrmann, Handbuch Produktmanagement, Seite 104
6 Vgl. Meffert, Burmann, Kirchgeorg, Marketing – Grundlagen marktorientierter Unternehmensführung – Konzepte – Instrumente – Praxisbeispiele, Seite 363
7 Vgl. Albers und Herrmann, Handbuch Produktmanagement, Seite 105 bis 106
8 Vgl. Schlutz, Weiterbildungsmarketing, Seite 44

Grundnutzen ist entscheidend für die Wahrnehmung des Nutzen beim Konsumenten.[9] Dieser Grundnutzen ist folglich bei einer Bildungsdienstleistung die Bildung bzw. Kompetenzentwicklung oder der Nachweis dessen für den Teilnehmer.

Bei beruflicher Bildung ist vielfach davon auszugehen, dass der Nachweis den Kern des Grundnutzens bildet. Vielfach werden schließlich Seminare besucht, die etwas nachweisen und zertifizieren sollen, was der Teilnehmer in der Praxis bereits ausführt. Die Verbesserung der Qualität wird teils vom aktuellen Arbeitgeber gewünscht. Der Teilnehmer selbst wird die Verwertbarkeit für künftigen Aufstieg oder Wechsel aber stets im Blick haben.

2.1 Marketingstrategie

Die grundlegende Ausrichtung der Strategie im Markt kann aufgrund der Dimensionen nach Porter erfolgen, in der Orientierung an Innovation, Qualität, Marke, Programmbreite und Kosten.[10] Im Zusammenhang mit Bildung durch private Träger bieten sich Innovation und Qualität an. Öffentliche Anbieter besetzen vielfach den kosten-fokussierten Teilmarkt.[11] Die Innovationsorientierung bietet sich für neue Themen an, um die Pionier-Position zu besetzen.[12] Die Qualitätsorientierung hingegen bietet den Vorteil von Zuverlässigkeit und Glaubwürdigkeit, unterstützt durch Total Quality Management bis in die untersten Ebenen.[13] Beide Strategien erscheinen möglich und für ein Projektmanagement Training anwendbar.[14]

Das Bildungsangebot kann nur erfolgreich sein, wenn die Bildungseinrichtung das Angebot überlebt. Die Entscheidung zwischen beiden Strategien mag daher aufgrund der Kostenseite fallen, wozu die finanzielle Tragfähigkeit der Dauer bis zur Erreichung der Gewinnschwelle herangezogen werden kann.[15] Sind beide wirtschaftlich möglich, kann die Entscheidung aufgrund anderer Faktoren fallen.

---

9   Vgl. Albers und Herrmann, Handbuch Produktmanagement, Seite 119
10   Vgl. Meffert, Burmann, Kirchgeorg, Marketing – Grundlagen marktorientierter Unternehmensführung – Konzepte – Instrumente – Praxisbeispiele, Seite 288 bis 289
11   Vgl. Reich-Classen, Weiterbildung und soziale Milieus, Seite 2 bis 3
12   Vgl. Meffert, Burmann, Kirchgeorg, Marketing – Grundlagen marktorientierter Unternehmensführung – Konzepte – Instrumente – Praxisbeispiele, Seite 289 bis 290
13   Vgl. Meffert, Burmann, Kirchgeorg, Marketing – Grundlagen marktorientierter Unternehmensführung – Konzepte – Instrumente – Praxisbeispiele, Seite 291 bis 294
14   Daraus entstehende Implikationen für die didaktische Planung siehe Kapital 4
15   Vgl. Meffert, Burmann, Kirchgeorg, Marketing – Grundlagen marktorientierter Unternehmensführung – Konzepte – Instrumente – Praxisbeispiele, Seite 394

Bei beruflicher Fortbildung kommt neben der Zweierbeziehung Anbieter zu Kunde, eine Konstellation aus Anbieter, Unternehmen und Teilnehmer vor. Dabei zahlt der Arbeitgeber die Fortbildung teilweise oder ganz. Hieraus ergibt sich die Situation eines Kostenträgers, der vom Resultat via Arbeitsleistung profitieren möchte, mit doppelter Kundenbeziehung, in der Teilnehmer und Kostenträger angesprochen werden müssen.[16] Diese beiden werden durch unterschiedliche Inhalte und Resultate angesprochen. Die Leistungsgestaltung ist also der „Diener zweier Herren" im Sinne des rheinischen Sprachgebrauchs. Die Herausforderung dabei ist es, beiden gerecht werden zu müssen. Keiner der beiden darf sich als Verlierer fühlen, aber auch nicht die Chance sehen, den anderen zum Verlierer zu machen. Eine neudeutsch so bezeichnete „Win-Win-Situation" wird angestrebt. Gelingt dies, sind Empfehlungen und Nachfolgegeschäft möglich.

Zur Ansprache der Kunden steuert die Produktpolitik, Leistungen und Nutzen bei.[17] Die Leistung ist bei einer Bildungsdienstleistung nie komplett standardisierbar und wäre nur in einem Einzeltraining komplett individualisierbar.[18] Für ein Projektmanagement-Training eignet sich Einzeltraining nicht, da Gruppeninteraktion als Bestandteil einen entscheidenden Faktor, zur Abgrenzung gegen E-Learning Angeboten, darstellt.[19] Teilnehmer sind entscheidende Faktoren, zum einen als Kunden, zum anderen mit Willen zur Aktivität beim Lernen und in Übungen.[20]

Ein wesentlicher Bestandteil von Lernangeboten ist die Didaktik, insbesondere hinsichtlich der Großform als Grundtyp organisierten Lernens und der Methoden.[21] Didaktisches Handeln beinhaltet Entscheidungen über Lernziele, Methoden, Medien, organisatorischen Rahmen und Lernvoraussetzungen.[22] Das Angebot eines Lernangebotes als Produkt beinhaltet ein Lernziel, was gelernt werden soll, als eine der wesentlichen Produkteigenschaften im Kernnutzen.[23] Die Lernziele werden bei Erstellung des Angebotes bereits von

---

16 Vgl. Schlutz, Weiterbildungsmarketing, Seite 56
17 Siehe Kapitel 2., Seite 2
18 Vgl. Schlutz, Weiterbildungsmarketing, Seite 40
19 Siehe Kapitel 4.2 und 4.3
20 Vgl. Schlutz, Weiterbildungsmarketing, Seite 43
21 Vgl. Höffer-Mehlmer, Methoden und Medien in der Erwachsenenbildung, Seite 1 bis 7
22 Vgl. Siebert. Didaktisches Design, Seite 5
23 Vgl. Meffert, Burmann, Kirchgeorg, Marketing – Grundlagen marktorientierter Unternehmensführung – Konzepte – Instrumente – Praxisbeispiele, Seite 363 bis 364

der Produktpolitik vorgegeben, um den Kunden anzusprechen. Im Beispiel[24] gibt die Definition des Produktes „Projektmanagement-Training" bereits vor, dass Projektmanagement gelernt werden soll, jedoch nicht welche Teilbereiche davon.

Die Ausrichtung der Gestaltung von Angeboten hat sich von Produktorientierung zur Nutzenorienterung entwickelt, womit es notwendig wird, Bedürfnisse des Kunden zu kennen.[25] Die Zielgruppe muss betrachtet werden, um spezifischen Nutzen darzustellen.

2.2 Zielgruppendefinition

Wer sollen die Teilnehmer eines Trainings sein? Teilnehmer bilden mit ihrem persönlichen Profil auf Leistungsfähigkeit und Willen den größten Unsicherheitsfaktor.[26] Die Potential-analyse bildet die Grundlage der Beurteilung der unternehmerischen Machbarkeit.[27] Nicht jedes Training folgt marktwirtschaftlichen Rahmenbedingungen, da Weiterbildung auch als öffentliches Gut betrachtet wird.[28] Die Marktabgrenzung und Definition des Marktes, mit der relevanten Zielgruppe, bestimmt, welche Personengruppen mögliche Teilnehmer sind.[29] Die Kaufanteilsmethode geht deduktiv vor, von der Bevölkerung, über Einkommen, Ausgaben für Produktkategorie, Produktbereich bis zum Produktsegment.[30] Die möglichen Teilnehmer werden dann segmentiert und zu einer Zielgruppe geformt, die als Zielkunden vom Vertrieb angesprochen werden sollen.[31] Die Zielgruppe für ein Bildungsangebot wäre in ähnlichem Ablauf eingrenzbar; von der Bevölkerung, über relevante (Berufs-)Gruppen, Einkommen, Fortbildungsausgaben, über Ausgaben für berufliche Bildung bis zu Ausgaben für diese Art von beruflicher Fortbildung. Diese Methodik ist auf empirische Daten angewiesen, um das strukturierte Schätzverfahren durchführen zu können.[32] Die Grunddaten dazu müssen zunächst beschafft werden.

---

24 Siehe Kapitel 4
25 Vgl. Mattmüller, Integrativ-Prozessuales Marketing, Seite 23 bis 34
26 Vgl. Schlutz, Weiterbildungsmarketing, Seite 35
27 Vgl. Albers und Herrmann, Handbuch Produktmanagement, Seite 291
28 Vgl. Reich-Classen, Weiterbildung und soziale Milieus, Seite 1
29 Vgl. Albers und Herrmann, Handbuch Produktmanagement, Seite 297
30 Vgl. Albers und Herrmann, Handbuch Produktmanagement, Seite 301
31 Vgl. Winkelmann, Vertriebskonzeptionen und Vertriebssteuerung, Seite 318
32 Vgl. Albers und Herrmann, Handbuch Produktmanagement, Seite 300 und 303

Ein Weg zur Beschaffung von Daten mittels sekundärer Marktforschung sind die Statistischen Landesämter und das Statistische Bundesamt.[33] Zur Datenbeschaffung kann auf Quellen aus dem Berichtssystem Weiterbildung zugegriffen werden, in welchem Weiterbildungsteilnahme enthalten ist, um die lokale mögliche Marktgröße einzugrenzen; hinzu kommen Informationen über die Zielsetzungen der möglichen Teilnehmer.[34] Die Beobachtung von Angeboten anderer Anbieter per Google-Suche ist eine einfache Ergänzung der Marktrecherche. Auf Basis der daraus gewonnen Informationen lässt sich eine Zielgruppe ermitteln, die ausreichend groß sein muss, um ein Training in der gewünschten Mindestteilnehmerzahl zu realisieren. Die angebotenen Inhalte müssen dazu derart ausgewählt werden, dass auch dauerhaft eine Nachfrage bestehen kann. Eine zu enge Fokussierung würde zu wenige Personen ansprechen, eine zu weite, möglicherweise zu wenig Nutzen[35] versprechen.

Die Zielgruppendefinition bestimmt, welche Eigenschaften das Produkt „Training" haben soll.[36] Dabei ist die Fragestellung, von welchen Zielgruppen und Zielkunden die Geschäftsentwicklung abhängt, von zentraler Bedeutung für die Unternehmensstrategie.[37] Daraus lässt sich ableiten: Wenn die Seminarplanung in wirtschaftlichem Umfeld erfolgt, muss die inhaltliche und didaktische Ausrichtung auf diese Zielkunden erfolgen.

2.3 Nutzenversprechen und Zielgruppenansprache

Im Hinblick auf eine berufliche Fortbildung ist die berufliche Verwendbarkeit der Grundnutzen, die Verwendung kann zur besseren Bewältigung der Aufgaben oder Erschließung neuer Aufgaben erfolgen.[38] Der Absatz von Produkten über Kauf- und Nutzenvorteile wird als Value-Marketing bezeichnet und zielt darauf, dem Kunden gezielten Nutzen zu bieten.[39] Der Nutzen wird also bereits durch das Thema und Lernziel partiell vorgegeben.

---

33 Bundesamt: https://www.destatis.de/
    Rheinland-Pfalz: https://www.**statistik**.rlp.de/
34 Vgl. Hall und Krekel, Berufliche Weiterbildung Erwerbstätiger – zur Erklärungskraft tätigkeitsbezogener Merkmale für das Weiterbildungsverhalten, Seite 70 bis 72
35 Nutzen siehe Kapitel 2.3, Seite 6
36 Vgl. Albers und Herrmann, Handbuch Produktmanagement, Seite 391 bis 392
37 Vgl. Winkelmann, Vertriebskonzeptionen und Vertriebssteuerung, Seite 319
38 Vgl. Schlutz, Weiterbildungsmarketing, Seite 14
39 Vgl. Winkelmann, Vertriebskonzeptionen und Vertriebssteuerung, Seite 209

Die Kombinierbarkeit mit bereits erworbenen Zertifizierungen (z.B. ITIL und Prince2 für Projektmanagement) bilden ein Kaufargument im Sinne eines erhöhten Nutzen für Teilnehmer, die bereits im Projektmanagement tätig sind. Hieraus ergibt sich eine Kombinationsmöglichkeit der Inhalte des Trainings zu den, von anderen Unternehmen oder sonstigen Einrichtungen angebotenen Zertifizierungen.

Mögliche Paketangebote mit diesen Kursen bieten Variationsmöglichkeiten des Produktes.[40] Hieraus entsteht die Strategie des „Bundling", einer Preisbündelung beim Kauf beider Produkte.[41] Hier bietet sich das Angebot des Projektmanagement Training und einer Zertifizierung zu einem günstigeren Paketpreis an.

Neben der klar abgegrenzten Zielgruppe, besteht die Möglichkeit der Ausrichtung des Konzeptes auf alternative Zielgruppen. Diese alternativen Zielgruppen können auch als zusätzliche Zielgruppe angesprochen werden und zum Wachstum genutzt werden. Das Ausweichszenario wird also gleichzeitig Wachstumsszenario[42]. Eine mögliche Zielgruppe hierzu könnten Studierende der Betriebswirtschaft oder Informatik sein, die einen Berufseinstieg über Projektarbeit anstreben. Der Nutzen ließe sich dazu als Attraktivität für mögliche Arbeitgeber definieren und kommunizieren.

2.4 Grundannahmen der Preispolitik

Die Preispolitik wird vielfach auf Gewinnmaximierung ausgerichtet.[43] Für Bildungsdienstleistungen wäre eine rein auf Gewinnmaximierung ausgerichtete Betrachtung problematisch, da Faktoren wie die Gruppengröße aus der didaktischen Planung, als psychologische und soziale Faktoren nur schwerlich ignoriert werden können.[44] Die gefühlte Preiswürdigkeit und Qualitätsbeurteilung des Teilnehmers hängen mit Bestimmungsfaktoren, wie der

---

40 Auswirkungen auf die Methodenwahl siehe Kapitel 3.2
41 Vgl. Meffert, Burmann, Kirchgeorg, Marketing – Grundlagen marktorientierter Unternehmensführung – Konzepte – Instrumente – Praxisbeispiele, Seite 474
42 Vgl. Volk, Szenarien als Planungsinstrument
43 Vgl. Meffert, Burmann, Kirchgeorg, Marketing – Grundlagen marktorientierter Unternehmensführung – Konzepte – Instrumente – Praxisbeispiele, Seite 442
44 Vgl. Meffert, Burmann, Kirchgeorg, Marketing – Grundlagen marktorientierter Unternehmensführung – Konzepte – Instrumente – Praxisbeispiele, Seite 449 bis 457

Gruppengröße zusammen.[45] Dies spricht für die Hypothese, das eine Rückkopplung der didaktischen Planung auf die Preispolitik nachweisbar sein sollte.

Die Wahl des Preissegments ist mit der Produktgestaltung verbunden. Produkte werden ihrem entsprechenden Preissegment zugeordnet; ein Produkt im Premium Segment wird preislich auch im Hochpreissegment angesiedelt.[46] Eine Reaktion auf Bedingungen des Marktes kann durch Reaktives Pricing geschehen, der Anpassung des Preises durch externe Einflüsse.[47] Solche Einflüsse können Preise der Konkurrenz oder Budgets der Kundenzielgruppe sein.

2.5 Produktgestaltung

Ein Lernangebot als Produkt bringt einige Besonderheiten mit. Die Kunden bezahlen als Teilnehmer nicht nur mit finanziellem Aufwand, sondern auch mit eingesetzter Zeit und Lernanstrengung.[48] Sind Kunde und Teilnehmer ungleich, wie beispielsweise bei Zahlung durch den Arbeitgeber, richtet sich das Angebot an zwei unterschiedliche Nachfrager.[49] Der Leistungskern richtet sich an beide gleichermaßen und gestaltet den Kernnutzen.[50] Zum Leistungskern eines Bildungsangebote gehört die Art des Angebotes, die hier nur für Bildungsangebote in Präsenz dargestellt werden soll.

Die menschliche Leistung des didaktisch Handelnden ist Teil des Leistungskerns und nicht ersetzbar für eine Bildungsdienstleistung.[51] Selbst bei der Verwendung von Vortragsvideos handelt es sich um eine Aufzeichnung menschlichen Handelns. Ein Angebot für ein Präsenz-Seminar bedeutet folglich die Notwendigkeit eines didaktisch handelnden Menschen.

---

45 Vgl. Meffert, Burmann, Kirchgeorg, Marketing – Grundlagen marktorientierter Unternehmensführung – Konzepte – Instrumente – Praxisbeispiele, Seite 457 bis 458
46 Vgl. Riefhof und Wurr, Steigerung der Wertschöpfung durch intelligentes Pricing: Eine empirische Untersuchung, Seite 14 bis 15
47 Vgl. Riefhof und Wurr, Steigerung der Wertschöpfung durch intelligentes Pricing: Eine empirische Untersuchung, Seite 16 bis 21
48 Vgl. Schlutz, Weiterbildungsmarketing, Seite 41 bis 45
49 Vgl. Schlutz, Weiterbildungsmarketing, Seite 55 bis 58
50 Vgl. Albers und Herrmann, Handbuch Produktmanagement, Seite 105
51 Vgl. Möller, Marketing in der Weiterbildung, Seite 28

Aus der Präsenz ergibt sich dazu die Notwendigkeit von Räumlichkeiten als Lernumgebung.[52] Aus Marketingsicht gibt es keine Notwendigkeit, hier bereits in Faktoren wie die Sitzordnung einzugreifen. Die Verfügbarkeit von Medien, Mobiliar und vorhandener Technik sind Kostenfaktoren, gehören aber auch zur Gestaltung im Rahmen der Didaktik.[53] Der Einsatz weiterer Technik, welche der didaktisch Handelnde einbringt, bleibt möglich. Produktpolitik gibt einen Mindeststandart vor, didaktische motivierte Gestaltung der Umgebung darüber hinaus bleibt möglich.

Die Inhalte als wesentlicher Teil des Leistungskerns werden in der Produktpolitik festgelegt.[54] So wird das Thema des Beispiels Projektmanagement bereits festgelegt, eine Gliederung der wesentlichen Inhalte wird Teil des Angebotes für mögliche Kunden. Zu viele Details in der Angebotsgestaltung würden dabei die Anpassung an Kundenerwartungen, als reaktive Gestaltung unnötig erschweren und letztlich verteuern.[55] Daraus ergibt sich, so viele inhaltliche Details eines Bildungsangebotes wie nötig, um den Kernnutzen zu kommunizieren, aber gleichzeitig so wenige wie möglich, in der Produktpolitik zu Beginn festzulegen.

---

52 Vgl. Siebert. Didaktisches Design, Seite 23 bis 24
53 Vgl. Siebert. Didaktisches Design, Seite 27
54 Vgl. Möller, Marketing in der Weiterbildung, Seite 37 bis 38
55 Vgl. Albers und Herrmann, Handbuch Produktmanagement, Seite 114 bis 116

3. Didaktische Gestaltung

Die didaktische Gestaltung beinhaltet einen Ordnungsrahmen, in dem das Training erst wirksam stattfinden kann.[56] Die Vorbereitung eines Bildungsangebots durchläuft die typischen Phasen von Themenfindung, Angebotsausschreibung über Klärung der Möglichkeiten bis zur Lehrplanung.[57] Die Themenfindung und Angebotsausschreibung sind Teil der Produktentwicklung. Produktentwicklung ist Teil des Marketings und somit der wirtschaftlichen Steuerung der durchführenden Organisation.

Didaktisches Handeln bezeichnet die Anwendung geeigneter Unterrichtsweisen und Gestaltungen der Umgebung für Lernen.[58] Bei Präsenz-Veranstaltungen wird eine räumliches Umfeld in Verbindung mit der Didaktik benötigt. Das räumliche Umfeld kann Auswirkungen auf die Möglichkeiten didaktische Planung haben. Gleichzeitig sind Räumlichkeiten stets mit Kosten verbunden und somit aus wirtschaftlicher Sicht zu betrachten. Die physische Umgebung stellt nur einen Teil der Rahmenbedingungen dar, in der sich die didaktische Planung bewegen kann. Rahmenbedingungen können Limitierungen darstellen, innerhalb derer sich die didaktische Planung bewegen muss, sofern keine nachträgliche Änderung möglich ist.

3.1 Gestaltung von Lernumgebung und Didaktik

Gestaltung der Lernumgebung auf Basis von Theorien bedarf einer Prüfung der Passung von Theorie und Lerngegenstand.[59] Passung bedeutet, das Lerninhalte zu Form, Personen und Kontext passen müssen.[60] Der Lehrgegenstand wird im folgenden Beispiel Projektmanagement sein.

Didaktik bezieht sich auf jede absichtsvolle, geplante und Veranstaltung mit Lehrziel.[61] Als Handlungsorientierung soll Didaktik Lehrende bei Gestaltung und Planung des

---

56 Vgl. Wilbers, Didaktik beruflicher Bildung, Seite 2 bis 3
57 Vgl. Nuissl, Einführung in die Weiterbildung, Seite 56
58 Vgl. von Felden, Didaktischen Handeln und Kommunikation in der Lerngruppe, Seite 10 bis 11
59 Vgl. Prediger, Theorien und Theoriebildung in didaktischer Forschung und Entwicklung, Seite 2
60 Vgl. Siebert. Didaktisches Design, Seite 23
61 Vgl. Westphal, Gestaltung von betrieblichen Veränderungsprozessen als didaktische Aufgabe im Kontext der Forderungen nach lebenslangem selbstorganisiertem Lernen, Seite 42

Unterrichts unterstützen.[62] Im Teil der makrodidaktischen Planung wird eine Reihenfolge und zeitliche Ressourcen für Themen festgelegt, wobei zwingende Zusammenhänge der Themen zu berücksichtigen sind.[63] Empirische Untersuchungen der Schuldidaktik zeigen die Aufgabenerstellung und Planung der Inhalte als häufigsten Fokus der Unterrichtsplanung.[64] Bildungsangebote in wirtschaftlichem Umfeld unterscheiden sich jedoch von staatlich finanzierter Schule. Das Produktangebot der Produktpolitik des Marketing hat bereits das Thema, als Kern des Produktnutzen festgelegt, um ein Lernangebot mit seinem Kernnutzen für die Teilnehmer überhaupt anzubieten.[65] Der Zeitrahmen für die Inhalte ist ebenfalls ein elementarer Teil des Angebotes und eine vorab notwendige Information für Interessenten.[66] Die makrodidaktischen Entscheidungen werden also stark durch den festgelegten Rahmen der Produktpolitik mitgestaltet.

Die mikrodidaktische Planung berücksichtigt Bedingungen, Inhalte und Methoden der Umsetzung.[67] Die Gestaltung der günstigen Kommunikationsstrukturen[68] für den Lernprozess liegt im Verantwortungsbereich der Seminarleitung.[69] Eine Kernaufgabe ist es dabei die Reduktion des Stoffs, entsprechend dem Lernziel und des Personenkreis.[70] Der Personenkreis der Teilnehmer wurde durch die angesprochene Zielgruppe[71] eingegrenzt. Produktpolitische Entwicklung des Seminars bildet einen Rahmen für die inhaltliche Gestaltung der Microdidaktik.

Die Methoden bilden den nächsten zu betrachtenden Teil der didaktischen Gestaltung. Methodenplanung erfolgt stets unter Einbeziehung der Bedingungen der Umgebung und verfügbarer Medien.[72] Die Methodenwahl erfolgt nie in einem luftleeren Raum, sondern stets im Kontext einer Institution.[73] Ein Bildungsanbieter hat wie andere Unternehmen eine eigene Identität, seine Corporate Identity (CI). Ein solche CI ist auch bei anderen Organisa-

---

62 Vgl. Frank und Iller, Kompetenzorientierung – mehr als ein didaktisches Prinzip, Seite 33
63 Vgl. Wilbers, Didaktik beruflicher Bildung, Seite 4
64 Vgl. König, Buchholz und Domen, Analyse von schriftlichen Unterrichtsplanungen, Kapitel 2.2
65 Siehe Kapitel 2.3
66 Siehe Kapitel 2.5
67 Vgl. Wilbers, Didaktik beruflicher Bildung, Seite 4 bis 5
68 Vgl. Anhang 3 als Entwurf für das beispielhafte Projektmanagement-Training in Kapitel 4
69 Vgl. von Felden, Didaktischen Handeln und Kommunikation in der Lerngruppe, Seite 116
70 Vgl. Nuissl, Einführung in die Weiterbildung, Seite 57 bis 58
71 Siehe Kapitel 2.3 Seite 6 bis 7
72 Vgl. Nuissl, Einführung in die Weiterbildung, Seite 59
73 Vgl. Nuissl, Einführung in die Weiterbildung, Seite 80 bis 81

tionen möglich.[74] Dabei besteht die Möglichkeit, das ein Unternehmen darin definiert hat, welche Methoden bevorzugt werden.[75] Im Rahmen beruflicher Bildung fällt der Blick zunehmend auf praktische Anwendbarkeit des Erlernten und Kompetenzen.[76] Dazu haben sich Aktivierende Methoden, mit Gruppenarbeit und Kommunikation im Fokus für spätere Anwendung des Erlernten in sozialem Kontext, als valide erwiesen.[77]

Für wirksame Kompetenzentwicklung in Seminaren der beruflichen Bildung fehlen bisher Orientierungen in Form didaktischer Modelle, um Methodenwahl und vorgegebene Curricula in Einklang zu bringen.[78] Die Ausrichtung auf Kompetenzen verbindet sich, mangels einen Orientierungsfixpunktes, mit der Frage nach den anzulegenden Qualitätsstandards.

3.2 Qualität

Aus Sicht des Marketing ist Qualität ein wesentlicher Erfolgsfaktor des Dienstleistungsmarketings.[79] Kundenerwartungen sind jedoch subjektiv.[80] Daraus resultiert die Sichtweise auf die „perceived quality", zu deutsch wahrgenommene Qualität, auf Basis von Kundenerwartungen.[81] Kundenerwartungen bilden die Grundlage der subjektiven Qualitätsbeurteilung.[82] Die Reaktion auf höhere Erwartungen zur Erfüllung führt zu einer zeitlich verzögerten Steigerung der Erwartungen in einer sogenannten Erwartungsspirale, die zu einer stetigen Verbesserung zwingt.[83] Qualitätssicherung und Anpassungen sind folglich permanent notwendig.[84] Bei der Anpassung der Qualität wurde bereits in den 1980er Jahren eine Toleranzzone festgestellt, in der ein Angebot als positiv wahrgenommen wird,[85] selbst wenn die Anforderungen nicht vollkommen erfüllt wurden.[86] Mit Hinblick auf die Kosten, ist es sinnvoll primär auf Erwartungen zu reagieren, die mit geringen Kosten erfüllbar sind.

---

74 Vgl. Nuissl, Einführung in die Weiterbildung, Seite 80
75 z.B. http://www.hochschule-heidelberg.de/de/unsere-hochschule/das-core-prinzip-im-ueberblick/code-of-conduct-des-core-prinzips/ - abgerufen am 02.02.2016
76 Vgl. Gebhardt, Grimm und Neugebauer, Entwicklungen 4.0–Ausblicke auf zukünftige Anforderungen an und Auswirkungen auf Arbeit und Ausbildung, Seite 54 bis 55
77 Vgl. Siebert. Didaktisches Design, Seite 19 bis 21
78 Vgl. Frank und Iller, Kompetenzorientierung – mehr als ein didaktisches Prinzip, Seite 32
79 Vgl. Richter, Dynamik von Kundenerwartungen im Dienstleistungsprozess, Seite 1 bis 2
80 Vgl. Richter, Dynamik von Kundenerwartungen im Dienstleistungsprozess, Seite 3
81 Vgl. Richter, Dynamik von Kundenerwartungen im Dienstleistungsprozess, Seite 4
82 Vgl. Richter, Dynamik von Kundenerwartungen im Dienstleistungsprozess, Seite 9
83 Vgl. Richter, Dynamik von Kundenerwartungen im Dienstleistungsprozess, Seite 12 bis 13
84 Vgl. Higgs, Polonski und Hollick, Measuring expectations: forecast vs. Ideal expectations. Does it really matter?, Seite 62
85 Vgl. Richter, Dynamik von Kundenerwartungen im Dienstleistungsprozess, Seite 51
86 Vgl. Wu und Wang, Satisfaction and zone of tolerance: the moderating roles of elaboration and loyalty programs, Seite 42 bis 43

Zu diesen Erwartungen zählen Öffnungszeiten und Freundlichkeit.[87] Zu den Einflussgrö-ßen der Erwartungen gehören neben Faktoren, die sich auf Kunde und Anbieter beziehen, auch solche, die sich auf Konkurrenten beziehen.[88] Folglich ist die Beobachtung der Angebote der Konkurrenten sinnvoll, um kostenneutrale Verbesserungen schnell zu über-nehmen.

Die Qualität der Didaktik ist entscheidend für die Qualität des Lernangebotes, da Lernen den Kernnutzen des Produktes „Seminar" bildet.[89]. Bezüglich der Qualität der Didaktik ist zunächst festzuhalten, dass es keine ideale Veranstaltungsform für alle Zwecke gibt, sondern fachliche und atmosphärische Faktoren für die Wahl der Art und Methoden sind.[90] Der Bezug zum Themengebiet der Lehrveranstaltung ist also für die Methodenauswahl nötig. Projektmanagement wird zur Führung in Projekten verwendet verwendet und die Anzahl von Projekten nimmt seit Jahren stetig zu.[91] Die technologische Entwicklung mit Industrie 4.0 und Mobiltechnologien kann in verschiedenen Szenarien betrachtet werden, allen gemein ist die Erwartung von Bildungswesen und Wirtschaft, das Arbeitnehmer künftig vermehrt Anwendungskompetenzen benötigen werden.[92] Ein Bildungsangebot sollte am Markt bestehen können.[93] Die Gestaltung eines Projektmanagement-Trainings erfolgt danach für die praktische Handlungsfähigkeit.

3.3 Kompetenzentwicklung als Nutzen-Orientierung

Kompetenzen sind Voraussetzungen zum Handeln in Situationen mit komplexen Anforde-rungen.[94] In der beruflichen Bildung wird Handlungskompetenz für den Arbeitsplatz angestrebt.[95] Daraus ergibt sich Kompetenzentwicklung als relevanter, zu betrachtender Hintergrund für berufliche Bildung.

---

87 Vgl. Richter, Dynamik von Kundenerwartungen im Dienstleistungsprozess, Seite 54
88 Vgl. Richter, Dynamik von Kundenerwartungen im Dienstleistungsprozess, Seite 57
89 Siehe Kapitel 2.2
90 Vgl. Siebert. Didaktisches Design, Seite 18
91 Vgl. Aichele und Schönberger, IT-Projektmanagement, Seite 1 bis 2
92 Vgl. Gebhardt, Grimm und Neugebauer, Entwicklungen 4.0–Ausblicke auf zukünftige Anforderungen an und Auswirkungen auf Arbeit und Ausbildung, Seite 55 bis 58
93 Siehe Kapitel 2.1
94 Vgl. Frank und Iller, Kompetenzorientierung – mehr als ein didaktisches Prinzip, Seite 34
95 Vgl. Westphal, Gestaltung von betrieblichen Veränderungsprozessen als didaktische Aufgabe im Kontext der Forderungen nach lebenslangem selbstorganisiertem Lernen, Seite 39

Die Trends zu fachlich übergreifender Kompetenzentwicklung und Outcome-Orientierung beeinflussen die Methodenwahl von Bildungsangeboten.[96] Projektmanagement ist ein fachübergreifender Bereich mit Einflüssen von Betriebswirtschaft, Führung und Informationsmanagement bis Informatik.[97] Für fachübergreifende Themenkomplexe eignet sich die Kompetenzorientierung, ohne Gefahr durch diese Methodiken die Inhalte zu verdrängen.[98] Eine methodische Fokussierung auf Kompetenzentwicklung erfolgt danach in Beispiel des Kapitel 4, einem Projektmanagement-Training.

Der Begriff der Kompetenz ist ökonomisch geprägt.[99] Kompetenzen werden vielfältig definiert; eine für den beruflichen Kontext nutzbare Variante bildet die Sicht von Kompetenzen als Fähigkeit zum eigenständigen, kreativen Handeln bei Unsicherheit.[100] Kompetenzen im Zentrum beruflicher Weiterbildung sind im Rahmen der sich verändernden Anforderungen der technisierten Arbeitswelt in den Blickpunkt auch kleiner Unternehmen gerückt.[101] Dies resultiert in eine relevante Nachfrage nach beruflicher Weiterbildung mit Fokus auf Kompetenzentwicklung.

Kompetenzentwicklung ist stets mit Emotionen, Normen und Werten verbunden, die in Verbindung mit Wissen erst Handlungsfähigkeit erzeugen.[102] Obwohl Handlungsfähigkeit nicht vermittelt werden kann, ist es möglich Arrangements zu treffen, die Handlungssituationen erzeugen, in denen Kompetenzen entwickelt werden können.[103] Die gestalteten Situationen bilden lediglich die Grundlage für einen Prozess im Individuum, die nicht linear planbar sind.[104] Für die Kompetenzentwicklung genügt eine Auswahl von Inhalten nicht, vielmehr ist es nötig, eine Kombination von Lerngegenständen und Situationen zu gestalten, damit sich Kompetenz entwickeln kann.[105] Kompetenzentwicklung bedeutet somit Anforderungen an Lernumgebung und Personal.

---

96 Vgl. Wilbers, Didaktik beruflicher Bildung, Seite 8
97 Vgl. Aichele und Schönberger, IT-Projektmanagement, Seite 1 bis 2
98 Vgl. Wilbers, Didaktik beruflicher Bildung, Seite 9 und 13
99 Vgl. Klemm, Kritik im Horizont der aktuellen Kompetenzdebatte, Seite 49
100 Vgl. Erpenbeck undSauter, Kompetenzen erkennen und finden, Seite 18
101 Vgl. Münchhausen, Einführung in Lernkonzepte zur Kompetenzentwicklung in Veränderungsprozessen, Seite 2
102 Vgl. Erpenbeck und Sauter, Kompetenzentwicklung ermöglichen, Seite 3 bis 5
103 Vgl. Arnold und Pätzhold, Die Systematik der Kompetenzentwicklung, Seite 202
104 Vgl. Arnold und Pätzhold, Die Systematik der Kompetenzentwicklung, Seite 203 bis 204
105 Vgl. Frank und Iller, Kompetenzorientierung – mehr als ein didaktisches Prinzip, Seite 37

Im Rahmen des Wandels zur Kompetenzentwicklung wurde der Lehrende zum Berater, Coach, Animateur, Moderator und Navigator auf der Suche nach Wissen und Fähigkeiten.[106] Der Trainer unterstützt die Gruppe in ihren Dynamiken beim Aufbau der Fähigkeit Wissen zu suchen, dies bewusst zu erfahren und Erfahrung für künftige Situationen nutzbar zu machen.[107] Die relevanten Fähigkeiten zu diesen Aufgaben müssen vom verantwortlichen Trainer oder Dozent abgedeckt werden, zu dieser Leistungsfähigkeit kommt noch die Leistungsbereitschaft, für die Umsetzung.[108] Die Anforderungen sind also komplex und vielschichtig.

Im Rahmen der Entscheidung und Planung ist ein Anbieter gezwungen sich zu fragen, ob alle Ressourcen verfügbar sind, oder sicher beziehbar sind.[109] Betriebswirtschaftlich gesehen ist der Dozent oder Trainer eine Personalressource, deren Verfügbarkeit gewährleistet werden muss, um den Ablauf des Unternehmens zu sichern.[110] Folglich hat Produktgestaltung eines Lernangebotes einen engen Zusammenhang mit didaktischer Gestaltung. Das Angebot eines Vortrags kann nicht mehr auf Kompetenzentwicklung ausgerichtet werden, ohne das Produktangebot zu modifizieren.

---

106 Vgl. Rohde, Medienkompetenz—Innovative Methoden und didaktische Konzepte, Seite 104
107 Vgl. Erpenbeck und Sauter, So werden wir lernen, Seite 42 bis 43
108 Vgl. Vahs und Schäfer-Kunz, Einführung in die Betriebswirtschaftslehre, Seite 309
109 Vgl. Vahs und Schäfer-Kunz, Einführung in die Betriebswirtschaftslehre, Seite 302 und 304
110 Vgl. Vahs und Schäfer-Kunz, Einführung in die Betriebswirtschaftslehre, Seite 299 bis 300

4. Umsetzung für Projektmanagement-Training

Projektmanagement gehört zu den verbreiteten Trainings im Jahre 2016. Zertifizierungen und umsetzungsorientierte Trainings finden sich in verschiedensten Arten im Markt. Dieses Marktsegment zeigt sich als dynamisch und somit geeignet für eine Betrachtung.

Zertifizierungen fokussieren auf Fakten und Methoden. Diese zugehörigen Trainings sind klassische Lehrveranstaltungen mit Wissenserwerb als Hauptziel. Die Inhalte müssen für die erfolgreiche Zertifizierung repliziert werden. Methoden müssen beherrscht werden und teilweise exakte Begrifflichkeiten und Formulierungen unterschieden werden.

Trainings für Umsetzung und Leitung mit Fokus auf Softskills und Teamführung bilden dagegen eine komplett andere Ausrichtung. Die Ziele unterscheiden sich deutlich, indem die Anwendbarkeit im Arbeitsalltag angestrebt wird. Methoden folgen dieser Ausrichtung, die nicht auf einen schriftlichen Test, sondern die Praxis abzielen. Entsprechend wird die Betrachtung auch auf Anwendbarkeit erfolgen.

Auf Basis der Rahmenbedingungen des Produktmanagement werden nun die Implikationen didaktischer Planung an einem Beispiel betrachtet. Ein Projektmanagement-Seminar bringt ziel-immanente Kompetenzorientierung mit.[111] Es eignet sich für die Anwendung einer breiten Palette didaktische Mittel.

4.1 Produktgestaltung

Die Produktbezeichnung lautet „anwendungsbezogenes Projektmanagement Training". Zielsetzung des Trainings ist die Möglichkeit, das Training ergänzend zu einer Zertifizierung im Projektmanagement (ITIL, Prince2 etc.), oder separat nutzen zu können. Es soll in beiden Fällen gleichermaßen den Bedürfnissen der Teilnehmer gerecht werden, die sich beruflich weiter entwickeln wollen bzw. sollen. Die Anwendungsnähe soll Selbstzahler, wie auch Arbeitgeber, die die Kosten übernehmen, überzeugen können, davon im Arbeitskontext in Projekten zu profitieren.

---

111 Siehe Kapitel 3.3

Der Kernnutzen soll in der Entwicklung der Fähigkeit zur operativen Führung von Projektteams bestehen. Zur Führung gehört auch der Umgang mit Konfliktsituationen.[112] Der Umgang mit Deadlines und Zeitdruck erfordert Planungsmethoden, welche Methodik angewandt wird, kann im Rahmen der Inhalte behandelt werden.[113]

Das Nutzenversprechen ist zweigeteilt, wie auch die Zielgruppe. Adressat ist zum einen der Teilnehmer, der selbst an diesem Training teilnehmen möchte. Der Adressat kann selbst der Kostenträger sein, der es aus eigenen Mitteln bestreitet, oder die Initiative ergreift und genau dieses Training vorschlägt, wenn in einem Personalentwicklungsgespräch Fortbildung thematisiert wird.[114] Der Adressat kann auch ein Unternehmen sein, welches eine Auswahl trifft, zu welcher Art Training Mitarbeiter entsandt werden sollen. Üblicherweise wird die Auswahl durch Personalentwicklung, teils gemeinsam mit Beschaffungsmarketing durchgeführt.[115] Die Ansprache der Adressaten unterscheidet sich nur geringfügig. Teilnehmer sind bezüglich beruflichem Fortkommen interessiert, die Arbeitgeberseite an Leistung im Beruf. Ein Nutzenversprechen von sichtbar mehr Leistung im Projekteinsatz bringt beide Zielgruppen in einer einheitlichen Ansprache zusammen.

Im Rahmen der Umsetzung wird aufgrund von Anmeldezahlen eine Raumgröße ausgewählt und die Rahmenbedingungen der Veranstaltung gestaltet. Hierbei bestimmt weitgehend die Produktpolitik, mit ihrer Ausrichtung auf Zusatz- und Gestaltungsnutzen, als Grundlage für Empfehlungsmarketing, durch soziale Faktoren.[116]

Die Umsetzung muss an dieser Stelle bereits berücksichtigen, wie der Kunde das Ambiente wahrnimmt. Eine hochwertige Gestaltung wirkt nur dann als Zeichen für Qualität, wenn der Kunde diese Qualität auch erkennt. Dazu ist die Ausrichtung auf Erkennbarkeit und aktuelle Trends von hoher Bedeutung.

Der Teilnehmer eines Trainings ist auf Inhalte konzentriert und wird geistig gefordert. Kaum eine Person wird sich genau umschauen und nach Zeichen für Qualität aktiv suchen. Folglich ist es notwendig die Qualitätsfaktoren deutlich sichtbar zu machen. Frische

---

112 Vgl. Pinnow, Führen – Worauf es wirklich ankommt, Seite 286
113 Siehe Kapitel 4.3, Seite 17 bis 18
114 Vgl. Ryschka, Solga und Matteklott, Praxishandbuch Personalentwicklung, Seite 49 bis 56
115 Vgl. Vahs und Schäfer-Kunz, Einführung in die Betriebswirtschaftslehre, Seite 296, 304 und 333 bis 334
116 Siehe Kapitel 2.1

Snacks in den Pausen mögen dabei deutlich eher im Gedächtnis verbleiben, als manche teurere Maßnahme.

4.2 Didaktische Gestaltung für Projektmanagement

Die Makrodidaktik ist durch die vorangegangene Produktgestaltung weitgehend abgeschlossen. Der ausführende Trainer hat die Möglichkeit, speziell im Hinblick auf Medien, eigene Ergänzungen vorzunehmen, beispielsweise durch einen mitgebrachten Tablet-PC.

Für die Microdidaktik wurde durch den Anwendungsbezug und das Nutzenversprechen eine Ausrichtung auf Kompetenzentwicklung festgelegt. Kompetenzen enthalten, über explizites Wissen hinaus, nicht-explizites Wissen und verinnerlichte Werte, die Handlungsfähigkeit ermöglichen.[117] Für das Projektmanagement bedeutet dies, Team-Führung nicht nur theoretisch zu beherrschen, sondern praktisch zu trainieren.

Eine besondere Herausforderung ist der Umgang mit Konflikten, und ausdrücken von Kritik. Der Umgang mit Konflikten im Projektteam beinhaltet Fehler als Chance zur Verbesserung begreifen zu können, trotz Fehlern Wertschätzung der Mitarbeiter zeigen zu können, klare Vereinbarungen über den weiteren Fortgang zu treffen und die Führungsinstrumente so anzuwenden, dass die Zusammenarbeit die Zielerreichung nicht belastet.[118] Übungen zum Erzeugen von Anwendungskompetenzen für diese Aufgabe können im Zusammenhang mit Selbstmanagement und Konfliktmanagement unterteilt werden.[119] Zur Veränderung von Handlungsmustern und dem Umgang mit Emotionen im Kontext komplexer Projektsituationen die Entwicklung emotionaler Kompetenz durch reflexives Lernen, unterstützt vom Rahmen der Gruppe.[120] Planspiele und praktische Übungen bieten sich dazu als Methodiken an.

Die Simulation von Konflikten im Rahmen von Planspielen mit unterschiedlichen Zielsetzungen bildet eine Möglichkeit zur Übung, in gefühlt realen Situationen. Konfliktsimula-

---

117 Vgl. von Felden, Didaktischen Handeln und Kommunikation in der Lerngruppe, Seite 4
118 Vgl. Pinnow, Führen – Worauf es wirklich ankommt, Seite 287 bis 289
119 Vgl. Höffer-Mehlmer, Persönlichkeits- und Kreativitätsförderung, Seite 6 bis 8
120 Vgl. Arnold, Emotionale Kompetenz, Emotionales Lernen und emotionale (Selbst-)Führung in der Erwachsenenbildung, Seite 46 bis 50 und 53 bis 54

tionen bringen dabei ein Risiko des Aufbrechens latenter Konflikte zwischen den Teilnehmern mit. Die Durchführung muss sich somit deutlich auf die Simulation beschränken und klare Grenzen der Simulation bieten. Eine Möglichkeit dazu sind akustische Start und Stoppsignale der Simulationsphase. Die Konfliktsimulation kann in räumlich abgegrenzter Form stattfinden, was die gefühlte Trennung verstärken kann. Eine klare Trennung von simulierter Situation und anschließender Besprechung kann die Lerneffekte deutlich verbessern.

Die Selbst- und Gruppenreflexion[121] könnte im Anschluss des Planspiels erfolgen, um eigene Handlungsmuster für den späteren Projekteinsatz zu verändern. Hierin könnte sich eher eine Rückkopplung der didaktischen Gestaltung in die Produktpolitik des Marketing ergeben, als ein Einfluss der Produktpolitik auf die didaktische Praxis.

4.3 Inhalte

Die Inhalte des Trainings werden teilweise durch die Bezeichnung „Projektmanagement-Training" vorgegeben. Der Kunde bringt mit seinen Erwartungen bestimmte Themen in Verbindung, die zur Kundenzufriedenheit bedient werden müssen.[122] Mit fortschreitender Technik sind Veränderungen der Inhalte verbunden, weshalb die inhaltliche Betrachtung eine Momentaufnahme der aktuellen Zeit des Winter und Frühling des Jahres 2016 ist.

Um das Projektmanagement-Training einer ausreichend breiten Zielgruppe zugänglich zu machen, werden Grundlagen benötigt. Diese Grundlagen beinhalten eine Klärung der Terminologie von Projekt, Projektmanagement, Projektplanung, Projektsteuerung, Überwachung, Organisationsformen und Projektteam.[123] Darauf bieten sich Planungstechniken an, die kompetenzorientiert erarbeitet werden; das Spannungsfeld von Zeit, Kosten, Funktionalität und Qualität, ein Anforderungskonzept[124] und eine Ressourcenplanungstechnik lassen sich leicht kombinieren.[125] Ein Vorgehensmodell der Projektdurchführung kann folgen, die Kombination von klassischem Wasserfallmodell und agilem Scum-Prozess

---

121 Vgl. Arnold, Emotionale Kompetenz, Emotionales Lernen und emotionale (Selbst-)Führung in der Erwachsenenbildung, Seite 54
122 Vgl. Richter, Dynamik von Kundenerwartungen im Dienstleistungsprozess, Seite 1 bis 4
123 Vgl. Aichele und Schönberger, IT-Projektmanagement, Seite 3 bis 14
124 siehe Anhang 4 und 5 mit den Anforderungsdokumenten Lastenheft und Pflichtenheft
125 Vgl. Aichele und Schönberger, IT-Projektmanagement, Seite19 bis 27

bietet unterschiedliche Herangehensweisen.[126] Zusätzlich schließt eine Modellierungstechnik als Gruppenarbeit das Programm ab, dazu kommen ereignisgesteuerte Prozessketten (EPK) und Netzplantechnik in Betracht.[127] Als Ergänzung bietet sich eine Übung eine GANTT Diagramm zur Planung an, welches in seiner Einfachheit zum Verständnis beitragen kann.[128] Diese Grundinhalte zeigen sich am Markt und bilden lediglich eine Grundlage, die im Einzeltraining auf die Gruppe modifizierbar ist.

Weitere Inhalte, wie Prozessanalyse, Prozess-Optimierung und Prozess-Management wären, je nach zeitlichem Umfang des Trainings möglich. Diese Inhalte und Trends zu agilen Methoden machen permanente Anpassungen an die Marktlage und Nachfrage-Interessen nötig. Der Kunde muss durch die Inhalte einen Nutzen wiederfinden, um Geld dafür auszugeben. Die Anpassung der Inhalte an aktuelle Trends muss bestehende Inhalte nicht zwangsläufig verdrängen, es besteht die Möglichkeit mehrere Varianten zu entwickeln und damit das Programm zu verbreitern. Zur Optimierung der Kundenansprache mit unterschiedlichen Budgets bietet es sich an, diese modular als weiteres eigenständiges Training anzubieten. Eine Weiterentwicklung zu einem Baukasten erscheint im Unternehmens-alltag eines Seminar-Anbieters somit leicht möglich.

Die Produktpräsentation ergab eine Art Auswahl möglicher Inhaltsvarianten, die den Rahmen der Didaktischen Gestaltung vorgab.

4.4 Möglichkeiten der Modifikation des Trainings

Aus Sicht des Bildungscontrollings sind notwendige Steuerungsparameter die Aktualität des Angebot, die Lerneffektivität und die Ertragsstruktur.[129] Demnach ist eine Reaktion auf Fehlsteuerungen nötig. Die grundlegende Fragestellung für Modifikationen ist wer diese, wann, in welchem Umfang durchführen kann und soll.

---

126 Vgl. Aichele und Schönberger, IT-Projektmanagement, Seite34 bis 39
127 Vgl. Aichele und Schönberger, IT-Projektmanagement, Seite43 bis 51
128 Vgl. Klein et al, Netzplantechnik und Projektmanagement, Seite 104 bis 121
129 Vgl. Schöni und Tomforde, Bildungscontrolling – Grundlagen, Konzeption und Projektorganisation im Bildungsbetrieb, Seite 3 bis 5

Eine Anpassung des Trainings an Erwartungen der Teilnehmer ist im Sinne der Erfüllung von Qualitätserwartungen sinnvoll.[130] Durch Empfehlungsmarketing als Vertrauensgeschäft werden bestehende Vertrauensverhältnisse, zwischen zufriedenen Teilnehmern und deren Umfeld, zu einer gefühlten Verringerung des Risikos und letztlich zur Teilnahme weiterer Personen.[131] Im Kontext von Loyalty Marketing ist dabei der ausführende Mitarbeiter die wichtigste Person, die das Nutzenversprechen erfüllen kann.[132] Der Dozent oder Trainer des Projektmanagement-Trainings ist dieser ausführende Mitarbeiter, und hat die Möglichkeit[133] diese Anpassung durchzuführen.

Kundenbindung beruht auf Kundenzufriedenheit, dennoch ist sie als alleinige Grundlage nicht ausreichend.[134] Der Nutzen[135] als Grundlage muss bestehen bleiben, weshalb die Modifikation bezüglich des Inhaltes durch den notwendigen Grundnutzen begrenzt wird.

Das Modell des Konstruktivismus hat für die Kommunikation Auswirkungen, womit der Empfänger einer Nachricht, diese für sich entschlüsselt.[136] Die sprachliche Dekodierung erfolgt in gesellschaftlichem Kontext.[137] Die Zielgruppe eines Seminar-Angebots bestimmt somit Rahmenbedingungen der Aufnahme der Nachricht und wie weit eine Modifikation des kommunizierten Angebotes möglich ist. Eine verkaufs-psychologisch forcierte Einwilligung durch rhetorische Mittel führt zu kognitiver Dissonanz.[138] Eine so forcierte Übereinkunft zur Veränderung von Rahmenbedingungen führt dabei zu Unzufriedenheit, welche aus Sicht des Bildungsmarketing vermieden werden soll. Freiwilligkeit oder gefühlte Freiwilligkeit wirken gleichermaßen und Gruppen von Menschen verfügen über eine kollektive Einbildungskraft.[139] Es besteht also die Möglichkeit, das eine Gruppe eine Modifikation wünscht, die keinen Nutzen hat oder schädlich ist. Grund dafür könnte eine Selbsttäuschung der Gruppe sein.[140] Nachgeben einer solchen Modifikation aus Selbsttäuschung einer Gruppe von Teilnehmern, würde bei abweichendem Kostenträger zu langfristigen

---

130 Vgl. Meffert, Burmann, Kirchgeorg, Marketing – Grundlagen marktorientierter Unternehmensführung – Konzepte – Instrumente – Praxisbeispiele, Seite 454 bis 457
131 Vgl. Schüller, Zukunftstrend Empfehlungsmarketing, Seite 7 bis 8
132 Vgl. Schüller und Fuchs, Total Loyalty Mareting, Seite 140
133 Vorbehaltlich der Einräumung dieser Möglichkeit durch die Verantwortlichen der Einrichtung.
134 Nerdinger, Neumann und Curth, Kundenzufriedenheit und Kundenbindung, Seite 144
135 Siehe Kapitel , Seite 2.3
136 Vgl. Grimm, Digitale Kommunikation, Seite 102
137 Vgl. Grimm, Digitale Kommunikation, Seite 103
138 Vgl. Thiele, Umsatzsteigerung durch Verkaufspsychologie, Seite 76 bis 77
139 Vgl. LeBon, Psychologie der Massen, Seite 68 bis 72
140 Vgl. LeBon, Psychologie der Massen, Seite 106

Problemen führen.[141] Verschlechtert die Modifikation den Nutzen in der beruflichen Anwendung, ist der Grundnutzen in dieser Kundenkonstellation angegriffen oder hinfällig.

Daraus ergibt sich das Nutzenversprechen als absolute Grenze für Modifikationen, insbesondere hinsichtlich des Grundnutzen. Ein Verletzung dieser Grenze würde die Existenz des Produktes am Markt bedrohen.

---

141 Siehe Kapitel 2.3 und 2.5

5. Fazit

Produktpolitische Entscheidungen eines Bildungsangebotes haben Auswirkungen auf die didaktische Gestaltung. Die didaktische Gestaltung hat, unter Berücksichtigung der von der Produktbeschreibung festgelegten Inhalte, auch Rückkopplungen in die Produktpolitik.

Die Auswirkungen der produktpolitischen Entscheidungen zeigen sich primär in der makrodidaktischen Gestaltung. Faktoren wie das Themengebiet, die zur Verfügung stehende Gesamtzeit und die räumliche Umgebung werden im Rahmen der Angebotserstellung festgelegt. Daraus ergibt sich die Fragestellung, ob Produktpolitik des Marketing für ein Seminar große Teile der makrodidaktischen Planung übernimmt, oder ob vielmehr die Planungen der Makrodidaktik den Rahmen für die Produktentwicklung vorgeben sollten. Der Autor favorisiert die zweite Variante, da dieser Teil der Produktentwicklung durch didaktische Kenntnisse eines ausführenden Dozenten kundenorientierter erfolgen kann, als durch einen Marketingprofi ohne Lehrerfahrung. Idealerweise könnte die Entwicklung gemeinsam erfolgen.

Die Auswirkungen von Entscheidungen der Produktentwicklung auf die mikrodidaktischen Gestaltungen sind in weitaus geringerem Umfang gegeben, als für die Makrodidaktik. Feststellbar war die Auswirkung der Zielgruppendefinition und des Nutzenversprechen, die einen Rahmen bilden und gewisse Grenzen der Gestaltung festlegen. Gleichermaßen bilden die Teilnehmer in ihrer Wahrnehmung des Nutzen einen Teil der Rahmenbedingungen. Daraus ergibt sich eine neue Fragestellung, wie die operative Kundengewinnung des Vertriebs die Rahmenbedingungen der Gestaltung von Didaktik beeinflusst. Die Wirkung der Entscheidung über den Kernnutzen eines Lernangebots wurde als stärkster Einfluss auf die didaktische Gestaltung erkannt, da daraus Zielgruppe und Erwartungen der Teilnehmer mitgestaltet werden. Diese geweckten Erwartungen implizieren auch ein inhaltliche Vorauswahl.

Literatur

Aichele, Christian und Schönberger, Marius: *IT-Projektmanagement,* Springer Fachmedien, Wiesbaden 2014

Albers, Sönke und Herrmann, Andreas (Hrsg): *Handbuch Produktmanagement,* Springer Fachmedien, 2. überarbeitete und erweiterte Auflage, Wiesbaden 2002

Albers, Sönke und Krafft, Manfred: *Vertriebsmanagement, Organisation – Planung – Controlling - Support,* Springer Fachmedien, Wiesbaden 2013

Arnold, Rolf: *Bausteine der Erwachsenendidaktik,* Studienbrief EB 0120, TU Kaiserslautern 2014

Arnold, Rolf: *Betriebliche Weiterbildung, Selbstorganisation – Unternehmenskultur – Schlüsselqualifikationen,* 2. Auflage, Schneider Verlag, Hohengehren, 1995

Arnold, Rolf: *Die Entgrenzung der Weiterbildung,* Studienbrief EB 0210, TU Kaiserslautern, 2010

Arnold, Rolf: *Emotionale Kompetenz, Emotionales Lernen und Emotionale (Selbst-) Führung in der Erwachsenenbildung,* Studienbrief 0520, TU Kaiserslautern, 2013

Arnold, Rolf: *Porträts und Konzeptionen zur Erwachsenenbildung,* Studienbrief EB 0110, TU Kaiserslautern 2014

Arnold, Rolf, von Behr, Anna et al.: *Bildungsberatung in der Erwachsenenbildung,* Studienbrief 0920, TU Kaiserslautern 2014

Arnold, Rolf und Pätzhold, Henning: *Die Systematik der Kompetenzentwicklung,* in: Literatur und Forschungsreport Weiterbildung, 01/2005, S. 201 bis 207

Betrieb Media GmbH, Projektmanagement kompakt, Projekt Magazin kompakt, Januar 2016, online im Internet: https://www.google.de/url?sa=t&rct=j&q=&esrc=s&source=web&cd=8&cad=rja&uact=8 &ved=0ahUKEwi5y4_tpO3KAhVGtBQKHX-nBSAQFghGMAc&url=https%3A%2F%2F www.projektmagazin.de%2Fdownload%2F1061389%2FProjektmanagement-kompakt.pdf&usg=AFQjCNFIsSQCcgU-iNDPEHW0Xe85xpL90w – abgerufen am 10.02.2016

Beywl, Wolfgang und Balzer, Lars: *Evaluation in der Weiterbildung*, Studienbrief EB 0720, TU Kaiserslautern 2014

Birgmayer, Renate: *Eine praxisnahe Einführung in Bildungscontrolling. Das Modell von Kirkpatrick und seine Erweiterungen durch Phillips und Kellner,* Magazin Erwachsenenbildung, Nr. 12, 2011

Chelius, Christian, Dilthey, Norman und Volk, Markus: *Survey Research: Online Survey Techniques and Software*, AVM Verlag, München 2012

Dombrowski, Jörg, und Gabriele Schneidewind: *Ein Weg zur Professionalisierung der Personalentwicklung in KMU,* In: Entwicklungsperspektiven in der Westpfalz: Denkanstöße, Analysen, Hintergründe in Zeiten des demografischen Wandels, Seite 298ff, Mainz, 2014

Dziobaka-Spitzhorn, Verena, Falk, Rüdiger und Weiss, Reinhold: *Bildungsmanagement in Betrieblichen Weiterbildungseinrichtungen,* Studienbrief EB 1210, TU Kaiserslautern 2014

Ehlers, Ulf-Daniel und Schenkel, Peter (Hrsg): *Bildungscontrolling im E-Learning*, Springer Verlag, Berlin, 2005

Erpenbeck, John und Sauter, Werner: *Kompetenzen erkennen und finden,* Studienbrief EB 0810, TU Kaiserslautern 2010

Erpenbeck, John und Sauter, Werner: *So werden wir lernen! Kompetenzentwicklung in einer Welt fühlender Computer, kluger Wolken und sinnsuchender Netze*, Springer Verlag, Berlin 2013

Erpenbeck, John und Sauter, Werner: Kompetenzentwicklung ermöglichen, Studienbrief EB 0820, TU Kaiserlautern, 2010

Fink, Alexander und Kamecke, Ulricke: *Lastenheft – Die Last mit den Lasten,* in: Medizin-produkte planen, entwickeln und realisieren, 2011

Frank, Stephen und Iller, Carola: *Kompetenzorientierung – mehr als ein didaktisches Prinzip,* Report. Zeitschrift für Weiterbildungsforschung, 2013, 36. Jg., Nr. 4, S. 33-41.

Gebhardt, Jonas; Grimm, Axel; Neugebauer, Laura Maria: E*ntwicklungen 4.0–Ausblicke auf zukünftige Anforderungen an und Auswirkungen auf Arbeit und Ausbildung,* in: Journal of Technical Education (JOTED), 2015, 3. Jg., Nr. 2.

Gieseke, Wiltrud: *Entwicklung der Erwachsenenbildungswissenschaft*, Studienbrief EB 0130, TU Kaiserslautern 2013

Grimm, Rüdiger: *Digitale Kommunikation,* Oldenburg Wissenschaftsverlag, München 2005

Gruber, Elke: *Verträgt die Erwachsenenbildung noch Kritik?,* The dark side of LLL, Vol. 3 Kritik als Methode 16, Seite 36ff, 2011

Hall, Anja und Krekel, Elisabeth M: *Berufliche Weiterbildung Erwerbstätiger – zur Erklärungskraft tätigkeitsbezogener Merkmale für das Weiterbildungsverhalten,* Report. Zeitschrift für Weiterbildungsforschung, 2008, 31. Jg., Nr. 1, S. 65-77.

Hampe, Jürgen und Schlegel, Christoph: *Auswahl und Steuerung nachhaltiger Weiterbildung in Unternehmen, Trainings und Seminare zu komplexen Themen erfolgreich begleiten,* Springer Fachmedien, Wiesbaden, 2014

Herndel, Karl: *Das 15-Minuten Zielgespräch, Wie Sie Ihre Verkäufer zu Spitzenleistungen bringen,* 1. Auflage, GWV Fachverlage, Wiesbaden 2008

Higgs, Bronwyn,Polonski, Michael Jay und Hollick, Mary: *Measuring expectations: forecast vs. Ideal expectations. Does it really matter?,* in: Journal of Retailing and Consumer Services, 12/2005, Seite 49 bis 64, Elsevier Science Direct, University of Ballarat, Australia

Höffer-Mehlmer, Markus: *Handlungs- und Erfahrungsorientiertes Lernen in der Erwachsenenbildung,* Studienbrief 0510, TU Kaiserlautern, 2012

Höffer-Mehlmer, Markus: *Methoden und Medien in der Erwachsenenbildung,* Studienbrief EB 0430, TU Kaiserslautern 2014

Höffer-Mehlmer, Markus: *Persönlichkeits- und Kreativitätsförderung,* Studienbrief EB 0530, TU Kaiserslautern 2013

Kauffeld, Simone: *Nachhaltige Weiterbildung, Betriebliche Seminare und Trainings entwickeln, Erfolge messen, Transfer sichern,* Springer Verlag, Berlin, 2010

Käpplinger, Bernd, and Bundesinstitut für Berufsbildung: Zukunft der personenbezogenen Bildungsberatung – Vier mögliche Szenarien, *Bildungsberatung im Dialog* 1, 2009, Seite 227-247

Klein, Robert, et al.: *Netzplantechnik und Projektmanagement,* in: *Einführung in Operations Research.* Springer Berlin Heidelberg, 2015. S. 103 - 126.

Klemm, Ulrich: *Kritik im Horizont der aktuellen Kompetenzdebatte,* in: The dark side of LLL Vol. 3, Kritik als Methode, Workshop in der Reihe Dialog Lebenslanges Lernen am Bundesinstitut für Erwachsenenbildung, Graz 2011, Seite 42 - 50

König, Johannes; Buchholtz, Christiane und Dohmen, Dieter: *Analyse von schriftlichen Unterrichtsplanungen:* Empirische Befunde zur didaktischen Adaptivität als Aspekt der Planungskompetenz angehender Lehrkräfte. *Zeitschrift für Erziehungswissenschaft,* 2015, S. 1-30., Online im Internet: http://link.springer.com/article/10.1007/s11618-015-0625-7/fulltext.html – abgerufen am 12.01.2016

LeBon, Gustave: Psychologie der Massen, 1911, 7. Auflage, Nikol Verlag, Hamburg 2012

Ludolph, Fred und Lichtenberg, Sabine: Der Businessplan – Professioneller Aufbau und erfolgreiche Präsentation, Econ Verlag, München, 2. Auflage, 2002

Malik, Fredmund: Führen, Leisten, Leben, Wilhelm Heyne Verlag, 8. Auflage, München 2001

Mandl, Heinz und Winkler, Karin: Wissensmanagement, Studienbrief EB 1230, TU Kaiserslautern 2012

Mattmüller, Roland: *Integrativ-Prozessuales Marketing,* 2. überarbeitete Auflage, Springer Fachmedien, Wiesbaden 2004

Meffert, Heribart, Burmann, Christof und Kirchgeorg, Manfred: *Marketing – Grundlagen marktorientierter Unternehmensführung – Konzepte – Instrumente – Praxisbeispiele,* 12. Auflage, Springer Gabler Verlag, Wiesbaden 2015

Möller, Svenja: *Marketing in der Weiterbildung.,* Eine empirische Studie an Volkshochschulen. Bielefeld: Bertelsmann, 2002, online im Internet: http://www.die-bonn.de/doks/2002-marketing-01.pdf – abgerufen am 30.01.2016

Müller-Commichau, Wolfgang: *Grundlagen, Tendenzen und Optionen der Weiterbildungspolitik: Vom Recht auf Weiterbildung zum lebenslangen Lernen,* Studienbrief EB 0220, TU Kaiserslautern 2014

Münchhausen, Gesa: Einführung in Lernkonzepte zur Kompetenzentwicklung in Veränderungsprozessen, BiBB Fachkongress 2002, Online im Internet: *www.bibb.de/dokumente/pdf/bibb_fachkongress_2002_03_2_01.pdf* - zugegriffen am 18.12.2015

Nagel, Reinhart, Oswald, Margit und Wimmer, Rudolf: *Das Mitarbeitergespräche als Führungsinstrument,* Klett-Cotta, Stuttart, 1999

Nerdinger, Friedemann W.; Neumann, Christina; Curth, Susanne: *Kundenzufriedenheit und Kundenbindung ,* in: Wirtschaftspsychologie, Springer Berlin Heidelberg, 2015, S. 119-137.

Niermeyer, Rainer: *Führen – Die erfolgreichsten Instrumente und Techniken,* 2. Auflage, Haufe Verlag, München 2008

Nuissl, Ekkehard: *Einführung in die Weiterbildung – Zugänge, Probleme und Handlungsfelder,* Luchterhand, Neuwied 2000

Nuissl von Rein, Ekkehard: *Leiten von Bildungseinrichtung,* Studienbrief EB 1220, TU Kaiserslautern 2008

Oeste, Sarah, René Wegener, und Jan Marco Leimeister: *Herausforderungen und Best Practices der E-Learning Einführung im Unternehmen.,* Multikonferenz Wirtschaftsinformatik (MKWI), Paderborn, 2014

Petersen, Jendrik: *Berufliche Weiterbildung im Prozess der Europäischen Integration,* Studienbrief EB 1330, TU Kaiserslautern 2012

Petersen, Jendrik: *Historische Grundlagen und Perspektiven der beruflichen Weiterbildung,* Studienbrief EB 1310, TU Kaiserslautern 2015

Petersen, Jendrik: *Neue elektronische Medien in der beruflich-betrieblichen Weiterbildung,* Studienbrief EB 1320, TU Kaiserslautern 2012

Pieler, Dirk: *Weiterbildungscontrolling: eine systemorientierte Perspektive,* Springer-Verlag, 2013

Pinnow, Daniel F.: *Führen – Worauf es wirklich ankommt,* 4. Auflage, Gabler Fachverlage, Wiesbaden 2009

Poschalko, Andrea: *Qualität in der Erwachsenenbildung–ein Thema mit vielen Facetten,* Magazin Erwachsenenbildung, Nr. 12, 2011

Prediger, Susanne: *Theorien und Theoriebildung in didaktischer Forschung und Entwicklung.* In: *Handbuch der Mathematikdidaktik.* Springer Berlin Heidelberg, 2015. S. 643-662.

Raschka, Jurij, Solga, Marc und Matteklott, Axel (Hrsg): *Praxishandbuch Personalentwicklung,* 2 Auflage, Gabler Fachverlage, Wiesbaden 2005

Reich-Claassen, Jutta: *Weiterbildung und soziale Milieus: Grundlagen für Programmplanung und Bildungsmarketing,* Studienbrief EB 1010, TU Kaiserslautern 2012

Richter, Mark: *Dynamik von Kundenerwartungen im Dienstleistungsprozess,* Basler Schriften zum Marketing, Band 17, Gabler Verlag, Wiesbaden 2005

Riefhof, Hans-Christian und Wurr, Frederik: *Steigerung der Wertschöpfung durch intelligentes Pricing: Eine empirische Untersuchung,* PFH Forschungspapiere/Research Papers, PFH Private Hochschule Göttingen, 2013

Rohde, Markus: *Medienkompetenz—Innovative Methoden und didaktische Konzepte,* in: *Wissen und Lernen in virtuellen Organisationen,* Physica-Verlag HD, 2003. S. 97-119

Ryschka, Jurij, Solga, Marc und Matteklott, Axel (Hrsg): *Praxishandbuch Personalentwicklung,* 2 Auflage, Gabler Fachverlage, Wiesbaden 2005

Sausele-Bayer, Ines: *Personalentwicklung als pädagogische Praxis*, VS Verlag für Sozialmedien, Springer Fachmedien, Wiesbaden, 2011

Schöni, Walter und Tomforde, Elke: *Bildungscontrolling – Grundlagen, Konzeption und Projektorganisation im Bildungsbetrieb,* in: Neusius, Andres (Hrsg.): Sammelband Fernausbildungskongress der Bundeswehr, Augsburg 2012 – Online im Internet: http://www.schoenipersonal.ch/Bildungscontrolling_Konzeption_und_Projektorganisation _Schoni_Tomforde_2012.pdf – abgerufen am 10.01.2016

Schüller, Anne M.: *Zukunftstrend Empfehlungsmarketing,* Business Village, Göttingen, 2008.

Schüller, Anne M. Und Fuchs, Gerhard: *Total Loyalty Marketing – Mit begeisterten Kunden und loyalen Mitarbeitern zum Unternehmenserfolg*, 2. Auflage, Gabler Verlag, Wiesbaden 2004

Schlutz, Erhard: *Weiterbildungsmarketing,* Studienbrief EB 1020, TU Kaiserslautern 2014

Seel, Norbert und Ifenthaler, Dirk: O*nline-Lehren und -Lernen,* Studienbrief EB 0630, TU Kaiserslautern 2013

Siebert, Horst: *Didaktisches Design*, Studienbrief EB 0420, TU Kaiserslautern 2012

Siebert, Horst: *Lernstile und Lernschwierigkeiten,* Studienbrief EB 0330, TU Kaiserslautern 2011

Siebert, Horst: *Menschenbild und Bildungsanspruch,* Studienbrief EB 0310, TU Kaiserslautern 2011

Siebert, Horst und Seidel, Erika: *Lernen im Lebenslauf,* Studienbrief EB 0320, TU Kaiserslautern 2011

Steinmetz, Guenther: *Was ist ein Pflichtenheft?*, in: it-Information Technology, 1982, 24. Jg., Nr. 1-6, S. 225-229.

Thiele, Isabell: *Umsatzsteigerung durch Verkaufspsychologie,* Wismarer Schriften zu Management und Recht, Band 41, Europäischer Hochschulverlag, Bremen 2010

Tippelt, Rudolf und Legni, Carmen: *Weiterbildungs-Information und -Beratung,* Studienbrief 0910, TU Kaiserlautern 2014

Vahs, Dietmar und Schäfer-Kunz, Jan: *Einführung in die Betriebswirtschaftslehre,* Schäffer-Poeschel Verlag, 6. Auflage, 2012

Volk, Markus: *Die Veränderlichkeit des Wissens in der Informationsgesellschaft,* WI-Block 2015, Online im Internet: http://www.wi-block.de/wissensevolution/ – zugegriffen am 06.11.2015

Volk, Markus: *Open Linked Data, Open Government Data Sets,* Grin Verlag, München 2011

Volk, Markus: Szenarien als Planungsinstrument, WI-Block, 2015, Online im Internet: http://www.wi-block.de/szenarien-als-planungsinstrument/ – zugegriffen am 01.12.2015

Volk, Markus: Wissen, wo Wissen kostenlos Verfügbar ist, WI-Block, 2012, Online im Internet: http://www.wi-block.de/wissen-wo-das-wissen-kostenlos-verfugbar-ist/ – zugegriffen am 04.12.2015

von der Heyde, Anke und von der Linde, Boris: *Gesprächstechniken für Führungskräfte – Methoden und Übungen zur erfolgreichen Kommunikation,* 3. Auflage, Haufe Verlag, Planegg, 2009

von Felden, Heide: *Didaktisches Handeln und Kommunikation in Lerngruppen,* Studienbrief EB 0410, TU Kaiserslautern 2014

Westphal,, Silke. *Gestaltung von betrieblichen Veränderungsprozessen als didaktische Aufgabe im Kontext der Forderungen nach lebenslangem selbstorganisiertem Lernen,* 2015, Doktorarbeit. FernUniversität in Hagen

Wilbers, Karl: *Berufs-und Wirtschaftspädagogik,* 2013.

Winkelmann, Peter: *Vertriebskonzeption und Vertriebssteuerung,* Verlag Franz Vahlen, 2. Auflage, München 2012

Wittwer, Wolfgang und Mersch, Andé: *Professionalität und Qualität,* Studienbrief EB 0230, TU Kaiserslautern 2013

Wu, Li-Wei und Wang,Chung-Yu: *Satisfaction and zone of tolerance: the moderating roles of elaboration and loyalty programms,* Managing Service Quality: An international Journal, Vol 22, Issue 1 pp. 38 – 57, online im Internet: http://www.emeraldinsight.com/doi/abs/10.1108/09604521211198100 – abgerufen am 08.12.2015

Zech, Rainer und Tödt, Katja: *Gelungenes Lernen – Qualität und Qualitätsmanagement in der Weiterbildung,* Studienbrief EB0710, TU Kaiserslautern 2012

Anhang 1

Nutzen und Vorgaben des Produktes „Projektmanagement-Training"[142]:

Elemente:

- ✓ Theoretische Grundlagen von Projektmanagement.
- ✓ Anwendung von erworbenen Kenntnissen,
- ✓ im beruflichen Umfeld,
- ✓ zur Verbesserung der Arbeitsleistung.
- ✓ Sicherer Umgang mit Konfliktsituationen.
- ✓ Verbesserung der Kommunikation in Projekten.
- ✓ Bewusstes erfahren von Führungsverantwortung.

Direkte Wirkung:

- ✓ Verbesserung von Projektergebnissen durch gelebte Anwendung der vorangegangenen Nutzen-Elemente.
- ✓ Erwerb von Kompetenzen für den möglichen Einsatz in erweitertem Arbeitskontext.
- ✓ Verhaltensänderung hin zu bewusster Führung und Bewältigung von Konflikten in deren Entstehungsphase.
- ✓ Geringere Fehlerquote und weniger gescheiterte Projekte durch verbesserte Kompetenzbasis und Verhaltensänderung der Projektleitung.

Ökonomischer Wert des Nutzen:

- ✓ Letztlich höhere Profitabilität von Projekten für Unternehmen, die Mitarbeiter in dieses Training entsandt hatten.

---

142 Anwendung von Kapitel 2 und Kapitel 4

Anhang 2

Definition der Zielgruppe als Leitlinie für eine Marketingagentur für externe Entwicklung der Kommunikationsstrategie und Durchführung der Kommunikation[143]:

- Das Training soll für Arbeitnehmer und Arbeitgeber als Zielgruppe attraktiv erscheinen.
- Der Vorteil des Kompetenzerwerb bildet den Unterschied zu Zertifizierungen im Projektmanagement.
- Schnelle Anwendbarkeit des Erlernten lässt die Kosten rentabel erscheinen.
- Herausstellen der Praxisnähe des Trainings.
- Kein Vortrag, Schulungstag, sondern Übung und Erprobung in risikofreiem Umfeld verbessert die Fähigkeiten ohne Stress.
- Modernes Umfeld und moderne Methoden herausstellen.
- Adressierung an Arbeitgeber, dieses Training bezahlt sich praktisch selbst, durch schnelle Verbesserung von Leistungen
- Adressierung an Arbeitnehmer, das Training ermöglicht es auf angenehme Art schnell bessere Aufstiegschancen zu entwickeln.
- Fokus auf Fähigkeiten, die unabhängig von technologischem Umfeld in jedem Kontext von Projektmanagement nutzbar sind.
- Ansprache breiter Kundengruppe, mit hoher Bereitschaft zur Aufwendung von Mitteln für berufliche Weiterbildung.

---

143 Auf Basis von Kapitel 2.1 bis 2.3

Anhang 3

- freundlicher Umgang auf Augenhöhe
- geduldig erklären und bei Lösungen helfen, ohne Lösungen vorzugeben
- Aktivität und Diskussion der Teilnehmer fördern
- Team-Bildung ermöglichen und fördern, nicht durch Leiter vorantreiben
- Zwischenergebnisse besprechen und konstruktives Feedback geben
- mit offenen Fragen zur Stellungsname und Meinungsäußerung ermutigen
- Widersprüche aufdecken helfen und gegebenenfalls darauf hinweisen
- Vorschläge für zu Methodiken einbringen, Entscheidung den Teams überlassen
- Entscheidungsfindung methodisch unterstützen ohne zu beeinflussen
- fairen Wettbewerb zwischen Gruppen fördern, ohne Konkurrenzdruck
  entstehen zu lassen
- Transfer durch Wiederholung und Diskussion des Vorgehens fördern
- gemeinsame Standards der Kommunikation für die Gruppe entwickeln,
  statt vorgeben
- Ergebnisse besprechen und dokumentieren

---

144 Vgl. von Felden, Didaktischen Handeln und Kommunikation in der Lerngruppe, Seite 116 bis 117

Anhang 4

<u>Lastenheft:</u>

Das Lastenheft ist ein Vertragsdokument mit Forderungen des Auftraggebers an den Auftragnehmer. Es ist im Projektumfeld ein gebräuchliches Dokument im Rahmen der Beauftragung externer Dienstleister. Die Beschreibung eine Lastenheftes entstammt im deutschsprachigen Raum der Deutschen Industrie Norm (DIN 69901) und definiert die Anforderungen, inklusive der Priorisierung der Anforderungen.[145]

<u>Grundlegende Charakteristika:</u>[146] [147]

<u>Struktur:</u>
- ✓ Ist Zustand
- ✓ Soll Zustand
- ✓ Ziel
- ✓ Meilensteine („milestones") auf dem Weg zum Ziel
- ✓ Zeitpunkt / Zeitplan

<u>Priorisierung:</u>
- ✓ Must have
- ✓ Should have
- ✓ Nice to have

<u>Details:</u>
- ✓ Einsatzzweck
- ✓ Funktionale Anforderungen
- ✓ Nicht-Funktionale Anforderungen (regulatorische, wirtschaftliche, optische, ablauf-bezogene, qualitative)
- ✓ Schnittstellen
- ✓ Rahmenbedingungen

---

145 Vgl. Fink und Kamecke, Lastenheft – Die Last mit den Lasten, Seite 1 bis 3
146 Vgl. Aichele und Schönberger, IT-Projektmanagement,Seite 20 bis 23
147 Vgl. Fink und Kamecke, Lastenheft – Die Last mit den Lasten, Seite 5 bis 14

Anhang 5

Pflichtenheft:

Das Pflichtenheft ist eine vom Auftraggeber erstellte Leistungsbeschreibung vor Auftragserteilung, eine Art Vorschlag für ein Lastenheft.[148] Im Gegensatz zum Lastenheft wird es nicht vom Auftragnehmer unterschrieben, es ist vielmehr die Basis für die Verhandlungen über den Auftrag. Durch die Annahme eine unveränderten, sehr detaillierten Pflichtenheftes, würde es zum Lastenheft. Der Detailgrad des Pflichtenheftes ist jedoch nicht zwingend bereits so hoch, wie beim Lastenheft. Auch das Pflichtenheft ist in DIN 69901 beschrieben. Die erwarteten Leistungen werden ausreichend ausführlich beschrieben sein, damit ein möglicher Auftragnehmer Art und Umfang des Projektes verstehen kann:[149]

- ✓ kein Vertragsdokument, Vorschlags-Charakter
- ✓ Detailgrad für Verständlichkeit
- ✓ Struktur wie ein Lastenheftes
- ✓ Vorlage und Verhandlungsgrundlage für ein Lastenheftes
- ✓ Priorisierung noch verhandelbar

---

148 Vgl. Betrieb Media GmbH, Projektmanagement kompakt, Seite 20
149 Vgl. Steinmetz, Was ist ein Pflichtenheft?, Seite 225 bis 226